# Detektiv Müller
## **Verschwunden in Neuschwanstein**

Felix & Theo

Ernst Klett Sprachen
Stuttgart

Leichte Lektüren
Deutsch als Fremdsprache
Verschwunden in Neuschwanstein *Stufe leicht*

1. Auflage 1 ⁵⁴³² | 2020 19  18

Nachfolger von 978-3-12-606464-4 (Der Märchenkönig)

Alle Drucke dieser Auflage sind unverändert und können im Unterricht nebeneinander verwendet werden.
Die letzte Zahl bezeichnet das Jahr des Druckes. Das Werk und seine Teile sind urheberrechtlich geschützt. Jede Nutzung in anderen als den gesetzlich zugelassenen Fällen bedarf der vorherigen schriftlichen Einwilligung des Verlags.

**Autor und Illustrator:** Felix und Theo
**Redaktion und Annotationen:** Katrin Wilhelm
Unter Mitarbeit von Hannah Blumöhr

Gekürzte Hörfassung gesprochen von Detlev Kügow
Diese Audiodateien sind über Klett Augmented wie auch online verfügbar.
Zugangscode **www.klett-sprachen.de: 7yfrbma**

**Layoutkonzeption:** Andreas Drabarek
**Gestaltung und Satz:** Datagroup Int. SRL, Timisoara, Rumänien
**Umschlaggestaltung:** Andreas Drabarek
**Bild S. 6:** Shutterstock (Dmitry Shishkov), New York
**Druck und Bindung:** Salzland Druck, Staßfurt
Printed in Germany

ISBN 978-3-12-675112

# Inhaltsverzeichnis

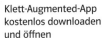

| Klett-Augmented-App kostenlos downloaden und öffnen | Bilderkennung starten und Seite mit **diesem Symbol** scannen | Medien laden, direkt nutzen oder speichern |

## Vorstellung der Hauptperson

*Helmut Müller* ist Privatdetektiv aus Berlin und feiert in München wie ein König. Seine Tante nennt ihn „Heli"!

*Schloss Neuschwanstein*
Das Schloss steht in der Nähe von Füssen im südlichen Bayern.
Der bayerische König Ludwig II. hat es ab 1869 gebaut.

---

7 **Privatdetektiv** Beruf; Person, die ohne die Polizei Ermittlungen macht

# Weitere Personen in der Geschichte

*Anton Müller* ist der Cousin von Helmut Müller. Seine Familie nennt ihn „Toni". Manchmal hat er Probleme mit Terminen.

*Agathe Müller* ist die Tante von Helmut Müller. Sie lebt seit vielen Jahren in München. Sie feiert ihren 80. Geburtstag und bekommt viele Geschenke.

*Stefan Kottnik* ist ein junger Schauspieler. Er spielt in einem Musical den Bayern-König Ludwig II. und kann nicht schwimmen.

*Bettina* ist Schauspielerin und Kottniks Freundin, auf der Bühne und im richtigen Leben.

*Lara* und *Peter* sind auch Schauspieler, aber nur in Nebenrollen.

*Herr Seiler* arbeitet im Hotel Residenz. Er ist Portier und hat alles unter Kontrolle.

---

19 **Portier** sitzt am Hotel-Eingang; begrüßt die Gäste

# Kapitel 1

„Zum Geburtstag viel Glück, zum Geburtstag viel Glück!
Zum Geburtstag, liebe Agathe, zum Geburtstag viel Glück!
Prost, Tante Agathe! Hoch soll sie leben!"

Helmut Müller singt falsch, aber er singt laut. Alle singen
falsch und laut. Aber das ist egal: Heute hat Tante Agathe
Geburtstag. Sie wird achtzig und die ganze Familie feiert.

Helmut Müller hebt sein Sektglas und alle rufen: „Alles Gute,
Tante Agathe!"

42 Personen sitzen an diesem Samstagmittag in einem
gemütlichen Gasthaus in München, direkt am Viktualienmarkt.
Das ist ein großer Markt mitten in der Altstadt, man verkauft
dort Obst, Gemüse, Käse, Fisch und Wurst.

Zwei Kellner bringen die Vorspeise: Pfannkuchensuppe.

Die Suppe schmeckt prima. In Berlin gibt es keine
Pfannkuchensuppe. Helmut Müller lebt schon seit vielen Jahren
in Berlin. Er arbeitet dort als Privatdetektiv. Und manchmal
kommt er nach München und besucht Freunde und seine Tante
Agathe.

Nach der Suppe gibt es Schweinebraten mit Semmelknödeln.
Das Menü hat sich Tante Agathe gewünscht. Sie lebt in
München und deshalb muss es natürlich ein typisches Menü
aus ihrer Stadt sein.

„Schmeckts?"

„Hmm." Müller nickt mit vollem Mund.

„Prima! Ganz prima!", sagt Müller.

---

5 **Prost** Trinkspruch beim Anstoßen, wie z.B. cheers, salut | 5 **Hoch soll sie leben**
Redewendung; Wunsch zum Geburtstag | 9 **Sekt** alkoholisches Getränk, Schaumwein |
13 **Gasthaus** anderes Wort für Restaurant | 16 **Pfannkuchensuppe** Ein Pfannkuchen
(oder Omelett) wird in dünne Streifen geschnitten. Die Streifen werden mit heißer
Fleischbrühe übergossen und mit Petersilie gewürzt. | 22 **Schweinebraten** Stück Fleisch
aus dem Ofen | 23 **Menü** *hier:* das Essen | 27 **nicken** ohne Worte „Ja" sagen

„Bleibst du länger in München, Helmut?", fragt der Cousin.

„Ich weiß noch nicht. Ein paar Tage will ich schon bleiben."

„Dann komm doch mit uns nach Füssen! Ich besorge Karten für das Musical. Mein Geburtstagsgeschenk für Tante Agathe."

„Füssen? Ein Musical?", fragt Müller.

„Das weißt du nicht? Davon spricht doch die ganze Stadt! Es gibt dort ein neues Musical: Ludwig II. Das Leben des bayerischen Märchenkönigs. Es soll ganz phantastisch sein!"

„Mal sehen. Klingt interessant. Toni, gib mir doch bitte eure Telefonnummer ..."

Helmut Müller holt sein Handy aus der Jacke und speichert die Nummer seines Cousins.

---

8 **bayrischer Märchenkönig** Ludwig II (1845-1886) Er baute die Schlösser Linderhof, Neuschwanstein und Herrenchiemsee. | 8 **phantastisch** toll

# Kapitel 2

„Stefan Kottnik, bitte auf die Bühne!"

Nach ein paar Minuten wird die Lautsprecheransage wieder-
holt:

„Stefan Kottnik, bitte auf die Bühne!"

Die junge Frau schaltet das Mikrofon aus und geht zum
Regisseur.

„Ich habe schon dreimal die Durchsage gemacht, aber Stefan
kommt nicht."

„Ich schmeiß ihn raus! Jeden Tag gibt es Probleme mit
Kottnik. Der denkt wohl, er ist ein Hollywoodstar. Aber jetzt
ist Schluss! Ich habe ihn gestern noch extra erinnert, dass heute
um drei Uhr Probe ist. Und jetzt ist es fast halb vier!" Der
Regisseur ist sauer.

„Frau Stamm, bitte rufen Sie die zweite Besetzung an, den
Ersatzmann, wie heißt er doch gleich?"

Die junge Frau blättert in ihrem Heft.

„Vogt. Peter Vogt."

„Genau! Bitte sagen Sie ihm, dass er die Rolle von Kottnik
übernimmt und den Ludwig spielt."

„Aber was ist mit dem Vertrag von Kottnik? Er hat doch
einen Vertrag für die Rolle ..."

„Das ist mir egal! Nicht mein Problem. Darum soll sich das
Management kümmern. Mit Leuten wie Kottnik kann ich nicht
arbeiten!"

---

3 **Bühne** Hier stehen die Schauspieler im Theater. So kann jeder sie sehen. | 7 **Mikrofon**
Gerät, das die Stimme lauter macht | 8 **Regisseur** sagt den Schauspielern, was sie
machen sollen | 11 **rausschmeißen** entlassen, kündigen | 14 **Probe** In der Probe
übt man etwas. | 16 **die zweite Besetzung** diese Person spielt, wenn der eigentliche
Schauspieler z.B. krank ist | 20 **Rolle** Person, die der Schauspieler darstellt | 22 **Vertrag**
schriftliche Abmachung mit Unterschrift | 25 **Management** Personen, die das Musical
organisieren

Der Regisseur klatscht in die Hände und ruft:
„Schluss für heute! Wir brechen die Probe ab. Und ab sofort spielt Vogt den Ludwig."

„Der Stefan ist einfach doof. So eine Chance kriegt er ⁵ vielleicht nie wieder. Warum ist er bloß so ein Idiot?"
„Komm, Bettina. Das ist doch nicht dein Problem. Oder?"
„Lara, hör bloß auf! Hier geht es nur um den Job. Und es tut mir einfach leid ..."

---

5 **Chance** Möglichkeit

Die beiden Schauspielerinnen sitzen in der Garderobe und trinken Tee.

Bettina spielt in dem Musical die Sissi, die Kaiserin Elisabeth von Österreich. Und sie ist in Stefan verliebt. Alle Frauen sind in Stefan verliebt.

Lara sagt: „Vielleicht hat Stefan eine andere Frau?"

„Ich glaube nicht, dass Stefan ... – er hat keine andere Frau. Das weiß ich!"

„Bist du sicher?" Lara stellt ihre Tasse ab und sieht Bettina an.

„Das ist irgendwas anderes. Gestern Abend nach der Vorstellung musste Stefan nach München. Und, ja, ich wollte gerne mitfahren, aber er wollte nicht."

„Also doch eine andere Frau!"

„Nein, irgendwelche Geschäfte. Aber er wollte nicht darüber sprechen." Bettina nimmt ihre Jacke und geht zur Tür.

„Kommst du?"

„Nein, geh nur. Ich warte auf Peter, wir wollen noch zum See."

„Viel Spaß! Und ertrinkt nicht!", lacht Bettina und geht.

---

1 **Garderobe** Hier ziehen sich die Schauspieler um. | 3 **Kaiserin Elisabeth von Österreich** (1837-1898) wurde in Bayern geboren. Sie war mit Ludwig II. befreundet. | 21 **ertrinken** im Wasser sterben

# Kapitel 3

Die Geburtstagsfeier ist zu Ende.
Nach dem Mittagessen gab es Kaffee und Kuchen.

    Dann haben alle einen kleinen Spaziergang um den Viktualienmarkt gemacht. Pünktlich um 18.00 Uhr gab es das Abendessen. Tante Agathe liebt Pünktlichkeit, vor allem beim Essen!
    Nach dem Abendessen haben die Kinder Gedichte vorgelesen und Lieder gesungen und Anton hat Fotos aus dem Leben von Tante Agathe gezeigt.

    Die Geburtstagsgäste stehen an der Garderobe und verabschieden sich.
    „Aber du besuchst mich noch, Heli!", sagt Tante Agathe und hält Müller am Arm.

---

21 **Pünktlich** *hier:* exakt um 18 Uhr | 29 **sich verabschieden** „Tschüss" sagen

„Sicher, Tantchen, sicher! Ich bin noch ein paar Tage in München."

Müller möchte gehen.

‚Heli!' Das hat er seit Jahren nicht mehr gehört. Nur seine Tante nennt ihn Heli.

„Ich ruf dich an und dann gehen wir schön Kaffee trinken, Tantchen ..."

Aber Tante Agathe spricht schon mit anderen Verwandten. Geschafft!

Oder beinahe: Am Ausgang steht sein Cousin.

„Gehen wir noch ein Stückchen, Helmut?"

„Gern. Mein Hotel ist gleich in der Nähe."

Helmut Müller, sein Cousin Anton und seine Frau spazieren durch die Münchener Altstadt. In vielen Restaurants sitzen die Leute im Freien und genießen die warme Nacht.

„Da vorne ist mein Hotel."

„Ja, dann gute Nacht. Und vielleicht sehen wir uns ja noch mal ..."

„Nicht vielleicht, auf jeden Fall sehen wir uns – beim Musical! Gute Nacht, Helmut."

Müller wartet an der Rezeption.

Der Nachtportier telefoniert.

„Was soll ich denn machen, junge Frau? Herr Kottnik ist nicht im Haus. Und in seinem Fach liegen schon drei Nachrichten mit der Bitte, dass er Sie anrufen soll. Wie bitte? Ja, ja, ich mach das. Auf Wiederhören."

---

10 **beinahe** fast | 16 **im Freien** draußen

Der Portier legt den Hörer auf und kommt zu Müller.

„Diese jungen Leute! Diese Frau scheint ja ganz schön eifersüchtig zu sein. Sie ruft fast jede Stunde an, aber der junge Mann ..., na, mich gehts ja nichts an. Ihre Zimmernummer, bitte?"

„Zwölf!"

„Bitte schön, und gute Nacht!"

„Gute Nacht!" Müller nimmt seinen Zimmerschlüssel und geht auf sein Zimmer.

# Kapitel 4

„Agnes, beeil dich! Sonst ist unser Platz weg!"

„Ja, ja, wir kommen schon."

5 Es ist Sonntagmorgen und Familie Fischer ist auf dem Weg zu einer Badebucht am Starnberger See.

Wer früh da ist, hat am Wochenende eine ganze Bucht für sich allein. Viele Menschen, vor allem aus der Landeshauptstadt München, fahren im Sommer zum Baden an den Starnberger 10 See. Familie Fischer kommt jedes Wochenende.

„Mist! Ich habs ja gewusst! Besetzt!"

„Was ist los, Kurt? Was sagst du?"

„Unsere Bucht ist besetzt. Da liegt schon einer."

Frau Fischer und ihr Sohn Alex kommen näher und stellen 15 die Campingstühle und die Kühltasche ab.

„Schau, da liegt schon einer. Wir sind zu spät!"

„Papa, der hat ja nicht mal eine Decke dabei! Und er schläft in seinen Kleidern ..."

„Hallo! Hallo, Sie!"

20

„Oh Gott! Agnes, bring den Jungen weg! Wo ist denn das Handy?"

„Ich glaube, im Auto ..."

„Wir müssen die Polizei rufen, der Mann ist tot!"

---

3 **beeil dich** *hier:* schneller | 6 **Badebucht** Ort zum Schwimmen | 6 **Starnberger See** See in der Nähe von München | 11 **Besetzt** *hier:* nicht frei

Eine halbe Stunde später ist die Bucht abgesperrt.

Viele Badegäste stehen neugierig an der Absperrung.

Ein Kommissar spricht mit Kurt Fischer:

„Wann haben Sie die Leiche entdeckt?"

5 „Ja, also wir sind so um halb neun hier gewesen. Wir kommen jedes Wochenende hierher."

„War sonst noch jemand hier?"

„Nein, niemand. Ich habe niemanden gesehen."

„Und der Tote lag genau so da wie jetzt?"

10 „Genau so, ja, genau so. Klar, wir haben nichts angefasst."

„Herr Fischer, bitte geben Sie meiner Kollegin Ihre Personalien. Falls wir noch Fragen haben. Danke, und tut mir leid um das verpatzte Wochenende."

„Ja. Wir fahren wohl besser nach Hause und gehen ins 15 Schwimmbad ..."

„Habt ihr was gefunden?"

„Nein, Chef. Der Tote trägt ein T-Shirt, Jeans und Turnschuhe. Aber sonst gibt es nichts. Keine Brieftasche, kein Handtuch, 20 kein ..."

„Das sehe ich selbst! Habt ihr seine Hosentaschen durchsucht?"

„Ja, da ist nur so ein Schlüssel ..."

„Na bitte! Kann ich den mal sehen?"

25 Ein Kollege gibt dem Kommissar eine Plastiktüte mit dem Schlüssel.

---

1 **abgesperrt** geschlossen | 3 **Kommissar** Beruf; Polizist | 4 **Leiche** toter Mensch |
10 **anfassen** berühren | 12 **Personalien** Adresse, Telefonnummer | 19 **Brieftasche**
Geldbeutel

Helmut Müller sitzt am Frühstückstisch.

Das Hotel ist nicht besonders schick, aber es ist billig, es liegt mitten in der Altstadt und es gibt ein supergutes Frühstücksbüfett.

Müller gießt sich eine Tasse Kaffee ein und überlegt, was er an diesem Sonntag machen wird.

Ein Mann mit Sonnenbrille geht durch das Foyer zur Rezeption.

„Kripo!", denkt Müller und beobachtet den Mann.

Warum sehen Kriminalbeamte immer wie Kriminalbeamte aus und bemühen sich doch, nicht wie Kriminalbeamte auszusehen?

Der Portier und der Kriminalbeamte gehen zum Aufzug.

Nach ein paar Minuten kommt der Portier zurück.

Müller trinkt seinen Kaffee und liest in der einzigen Zeitung, die es hier am Sonntag gibt. Das Blöd-Blatt, aber ihn interessieren ja nur die Fußball-Ergebnisse.

Mit Vergnügen liest er, dass sein Verein wieder mal gewonnen hat!

Der Kriminalbeamte kommt wieder an die Rezeption und gibt einen Schlüssel zurück. Er spricht mit dem Portier und legt seine Visitenkarte auf den Tisch. Dann verlässt er das Hotel. Die Sonnenbrille trägt er immer noch.

Müller liest weiter.

„Herr Müller?"

---

2 **schick** *hier:* schön | 4 **Frühstücksbüfett** Auswahl an Essen | 9 **Kripo** Abkürzung für Kriminalpolizei | 10 **Kriminalbeamte** Polizei | 17 **Blatt** anderes Wort für Zeitung | 24 **Visitenkarte** kleine Karte mit Namen und Telefonnummer | 24 **das Hotel verlassen** aus dem Hotel gehen

Müller senkt die Zeitung. Am Tisch steht Herr Seiler, der Portier.

„Herr Müller, ich möchte Sie um etwas bitten."

„Ja, worum geht es denn?"

5    Der Portier ist verlegen.

„Herr Müller, Sie sind doch Privatdetektiv, und eben war ein Herr von der Kriminalpolizei da. Der junge Schauspieler von „14", ich meine, Herr Kottnik – der junge Mann ist ertrunken. Tot sozusagen. Man hat ihn am Starnberger See gefunden.

10   Und stellen Sie sich vor, in seiner Hosentasche war sein Zimmerschlüssel!"

„Wie schrecklich! Und was kann ich dabei tun?"

„Herr Müller, Sie haben da vielleicht mehr Erfahrung, Sie als Privatdetektiv. Ich glaube, ich kann das nicht ..."

15   „Bitte kommen Sie auf den Punkt, Herr Seiler. Was kann ich für Sie tun?"

„Also, die junge Frau, die Freundin von dem jungen Herrn, die müsste man doch informieren. Sie hat heute Morgen schon wieder angerufen. Ich kann das nicht. Und da dachte ich,

20   vielleicht könnten Sie ..."

Der Privatdetektiv hat jetzt keinen Appetit mehr. Er legt die Zeitung weg.

„Ich komme an die Rezeption. Geben Sie mir die Nummer."

---

5 **verlegen** *hier:* schüchtern, unsicher | 15 **Bitte kommen Sie auf den Punkt** *hier:* Sagen Sie das Wichtige.

# Kapitel 5

Helmut Müller telefoniert mit seiner Sekretärin Bea Braun. 15

„Hallo, Bea!"

„Chef! Ich dachte, Sie feiern?"

„Die Feier war gestern. War ganz nett. Und Sie, was machen Sie?"

„Ich bin am See beim Baden. Es ist so heiß in der Stadt ..." 20

„Allein?"

„Also wirklich, Chef! Heute ist Sonntag, und sonntags bin ich nicht im Dienst. Privatleben. Keine Antwort!"

„Ich habs nicht so gemeint. Bea, ich brauche unbedingt ein paar Informationen ..." 25

„Chef! Heute ist Sonntag! Frei! Keine Arbeit und keine Informationen, hi, hi."

„Aber Bea, Sie wissen doch ..."

„... dass ein Privatdetektiv nie frei hat und 24 Stunden im Dienst ist. Also, was brauchen Sie?" 30

---

23 **Privatleben** Freizeit | 30 **Dienst** Arbeit

„Was wissen Sie über König Ludwig II.?"

„Der Märchenkönig? Ein Fall?"

„Nein, eher privat. Hier gibt es so ein Musical. Und ich muss da mit meiner Tante hingehen. Und vielleicht können Sie mir ja ein paar Informationen schicken?"

„Ich kann ja heute Abend mal im Internet nachsehen. Wohin soll ich die Infos denn schicken? Ins Hotel?"

„Ja, bitte! Haben Sie die Faxnummer? Hotel Residenz, wie immer."

„Hab ich. Aber jetzt gehen Sie erst mal baden! Ist es in München auch so heiß?"

„Ja. Aber Baden ist zu gefährlich, ich bleibe lieber im Biergarten ..."

„Ich verstehe Sie nicht, Chef, warum ist Baden gefährlich?"

„Nur so ein Scherz. Erklär ich Ihnen bald. Viel Spaß noch am Wannsee und grüßen Sie Berlin von mir!"

Müller nimmt sein Notizbuch und einen Kugelschreiber. Er schlägt das Notizbuch auf.

„Nein, ich habe frei! Es ist Sonntag und am Sonntag arbeite ich nicht!"

Er trinkt einen Schluck Weißbier und erinnert sich, dass ein Privatdetektiv nie frei hat.

Er denkt an das Telefongespräch mit der jungen Schauspielerin – Bettina? Genau, Bettina ist ihr Name – und seit dem Telefongespräch ist das sein Fall.

Bettina ist Schauspielerin in dem Musical „Ludwig II.". Und ihr Freund, Stefan Kottnik, war auch Schauspieler. Er spielte sogar die Hauptrolle.

---

15 **Scherz** Witz | 22 **Schluck** kleine Menge an Flüssigkeit beim Trinken | 26 **Fall** Sache, die Detektiv Müller lösen will

Müller zeichnet einen kleinen Plan und notiert Fragen:

„Drrrring. Drrrring."

Detektiv Müller nimmt sein Handy und drückt den grünen Knopf.

„Privatdete…, äh, Helmut Müller."

„Hallo, Helmut! Hier ist Anton. Helmut, wir fahren morgen zum Musical. Du kommst doch mit?"

„Ja, gerne! Ich freu mich schon. Holt ihr mich ab?"

„Klar doch. Wir kommen so um neun Uhr, nach dem Frühstück, o.k.?"

„Prima! Danke, Anton, und Grüße an deine Frau."

„Mach ich. Bis morgen, tschüs, Helmut."

Zufrieden legt der Privatdetektiv das Handy auf den Tisch und bestellt noch ein Weißbier.

„Zwölf, bitte."

„Guten Abend, Herr Müller. Hier, bitte. Ach, Entschuldigung, Herr Müller! Hier ist auch noch ein Fax für Sie."

„Dankeschön, gute Nacht."

Helmut Müller nimmt seinen Zimmerschlüssel und das Fax und fährt mit dem Lift in seine Etage.

---

27 **Etage** Stockwerk, Ebenen eines Hauses

Er liest das Fax:

---

Hallo, Chef,
das habe ich im Internet gefunden:
Ludwig II., König von Bayern
Geb. 25. 8. 1845
König seit 1864
Romantischer Träumer, fördert Musik und Künste zum
Beispiel Richard Wagner
Baut viele Schlösser: Herrenchiemsee, Neuschwanstein,
Linderhof
Ist sehr menschenscheu und bringt Bayern fast den
Staatsbankrott.
1886 wird er abgesetzt.
Stirbt am 13. 6. 1886 unter mysteriösen Umständen:
Ertrinkt im Starnberger See!
Jetzt weiß ich, warum Baden bei euch so gefährlich ist!

Grüße
Bea

---

In seinem Zimmer liest Müller das Fax noch einmal.
Er unterstreicht den Satz: ‚Ertrinkt im Starnberger See!‘ und
sagt leise:
„Zwei Nichtschwimmer spielen König und ertrinken ...“

---

9 **Richard Wagner** deutscher Musiker, Komponist (1813-1883) | 12 **menschenscheu**
schüchtern, ist nicht gern unter Menschen | 13 **bankrott** wenn man kein Geld mehr
hat | 15 **mysteriös** seltsam, komisch | 15 **Umstände** Situation

# Kapitel 6

„Guten Morgen!" Helmut Müllers Cousin Anton und seine Frau Vera begrüßen den Detektiv.

„Hallo, Vera, hallo, Anton! Wo ist Tante Agathe?"

„Die sitzt schon im Auto. Bist du fertig? Hast du alles?"

„Klar, wenn ihr mich so mitnehmt. Einen Smoking habe ich nicht."

„Aber Helmut! Das ist keine Oper, das ist ein Musical! Da kannst du sogar in Jeans hingehen. Also, los gehts!"

Anton Müller fährt mit dem großen Mercedes von München nach Starnberg. Nach einer halben Stunde sind sie am Starnberger See.

„Verehrte Herrschaften! Hier sehen Sie die Stelle, wo unser Märchenkönig auf mysteriöse Weise ums Leben kam ...".

Anton lacht und spielt den Fremdenführer.

„Wie kann man hier ertrinken? Das Wasser ist ja gar nicht tief! Das ist sicher auch so ein Märchen." Vera Müller schüttelt den Kopf.

Nur Helmut Müller ist sehr konzentriert. Er sieht am Ufer eine kleine Bucht, die mit Plastikstreifen abgesperrt ist.

„Zwei Nichtschwimmer spielen König ..."

„Was sagst du, Helmut?"

„Interessant! Sehr interessant, Tante Agathe."

„Tja, um den Tod des Königs gibt es viele Rätsel. Manche sagen sogar, dass ihn sein eigener Arzt umgebracht hat! Im Auftrag der Regierung! Das muss man sich mal vorstellen. Ich bin ja gespannt, wie die das in dem Musical machen.

---

7 **Smoking** edle Kleidung für den Mann | 11 **Mercedes** deutsche Automarke | 16 **ums Leben kommen** sterben | 19 **Märchen** Geschichte | 19 **den Kopf schütteln** ohne Worte „Nein" sagen | 21 **konzentriert** nachdenklich | 21 **Ufer** Rand eines Sees | 26 **Tja** Ausdruck für Unentschlossenheit | 28 **Regierung** gewählte Vertreter eines Landes

Los, Kinder! Viel mehr gibt es hier nicht zu sehen, fahren wir weiter!"

„Komm doch, Helmut."

„Liebe Tante Agathe, ich war doch schon so oft im Schloss
5  Neuschwanstein. Ich gehe lieber hier am See spazieren."

„Aber du isst mit uns zu Mittag!"

„Klar, Tantchen! Bis später!"

Tante Agathe, Vera und Anton Müller spazieren zum Schloss.
Helmut Müller wartet noch ein paar Minuten, dann holt er sein
10  Handy aus der Jacke.

„Bettina? Hier ist Müller. Privatdetektiv Müller. Ich bin jetzt
am See. Bis gleich."

Ein rotes Auto fährt zum Parkplatz am See.
15  Eine junge Frau steigt aus und sieht sich suchend um.

„Bettina?"

„Herr Müller?"

„Ja, mein Name ist Müller. Helmut Müller."

„Privatdetektive habe ich mir immer anders vorgestellt."
20  Müller lacht.

„Was haben Sie an Neuigkeiten für mich, Bettina?"

„Kommen Sie, gehen wir ein bisschen am See entlang. Beim
Gehen kann ich besser erzählen. Moment, bitte."

Bettina holt ein Taschentuch aus ihrer Tasche.
25  Müller sieht, dass ihre Augen ganz rot sind.

„Entschuldigung. ... Also wir vier, das heißt Stefan, Peter,
Lara und ich haben uns bei dem Casting für das Musical
kennengelernt. Und wir sind gute Freunde geworden. Für uns
ist das Musical die große Chance. Wir wollen alle zum Theater,
30  zum Film, ... jedenfalls wollten wir das."

„Aber Stefan Kottnik war der Star?"

---

21 **Neuigkeiten** neue Informationen | 22 **entlang** *hier:* am Ufer eines Sees

„Schon. Aber vielleicht war das zu viel für ihn. In letzter Zeit war er anders. Er war unpünktlich, kam zu spät zu den Proben. Richtig unprofessionell.“

„Entschuldigung, dass ich Sie das jetzt frage: Eine andere Frau?“

„Das meinen alle. Nein, er hatte Geldprobleme! Er hat mehr Geld ausgegeben, als er verdient hat. Ein teures Auto, Klamotten, Partys. Er wollte immer im Mittelpunkt sein.“

„Warum hatte Stefan ein Zimmer im Hotel Residenz?“

„Er hat bei Beginn des Musicals in München ein Hotelzimmer gemietet. Oft sind wir nach der Vorstellung noch nach München gefahren. In Füssen war es ihm zu langweilig. In München haben wir Freunde getroffen – und vielleicht auch falsche Freunde. Irgendwer hat ihm Geld geliehen. Geld zu Wucherzinsen.“

„Woher wissen Sie das?“

„Wenn es Stefan schlecht ging, hat er mir immer alles erzählt. Jetzt wollten die Leute ihr Geld zurück. Darum haben sie Stefan umgebracht ...“

„Moment, Bettina. Das ist eine schwere Anschuldigung. Stefan ist ertrunken!“

„Ich habe Ihnen doch gestern schon gesagt, dass Stefan nicht schwimmen konnte. Und wenn man jemanden ins Wasser wirft, der nicht schwimmen kann, ist das kein Mord?“

„Vielleicht wussten die das ja nicht. Wann genau ist Stefan eigentlich nach München gefahren? “

„Freitagnacht, nach der Vorstellung. Er wollte das mit dem Geld klären. Am Samstag wollte er zur Probe zurück sein.“

„Klären? Sie sagten doch, dass Stefan kein Geld hatte ...?“

---

3 **unprofessionell** *hier:* schlecht | 7 **Klamotten** Kleidung | 8 **Mittelpunkt** Zentrum | 11 **Vorstellung** Aufführung, *hier:* Musical | 14 **Wucherzinsen** Er musste mehr Geld bezahlen, als er bekommen hat. | 18 **umgebracht** getötet | 19 **Anschuldigung** Vorwurf | 23 **Mord** Tötung | 27 **klären** *hier:* besprechen, lösen

„Ich wollte ihm Geld leihen. Ich habe eine kleine Wohnung, die ich verkaufen wollte, und ...“

„Ja ...“

Wieder nimmt die junge Schauspielerin ihr Taschentuch und wischt sich die Augen.

„Wo ist eigentlich das Auto?“

„Der Porsche? Keine Ahnung. In der Hotelgarage vielleicht?“

„Und was machen Sie jetzt, Bettina?“

---

29 **Porsche** schnelles, teures Auto

„Ich reise ab. Gepackt habe ich schon. Ab morgen spielt Lara die Sissi und ich fahre nach Hause zu meinen Eltern, nach Hamburg."

„Aber heute spielen Sie noch die Sissi?"

„Heute ist keine Vorstellung." 5

„Wie bitte? Meine ganze Familie ist hier, um das Musical zu besuchen. Und ..."

„Tut mir leid, Herr Müller. Heute spielen wir nicht, heute ist Ruhetag."

10

„Willst du uns nicht vorstellen, Helmut?"

Cousin Anton kommt mit großen Schritten auf Helmut Müller zu.

„Du bist mir ja einer, Helmut. Ich muss mir das Schloss ansehen, und du! Guten Tag, ich bin Anton, der Cousin." 15

Auch Antons Frau und Tante Agathe sind jetzt da und sehen die junge Schauspielerin neugierig an.

„Meine Familie: Tante Agathe, mein Cousin und seine Frau. Und darf ich vorstellen: Elisabeth, Kaiserin von Österreich!"

Helmut Müller lacht und geht ein paar Schritte zur Seite. Er nimmt sein Handy und wählt die Nummer vom Hotel.

# Kapitel 7

Später im Hotel:

„Guten Tag, Herr Seiler. Das ist Bettina, mit der Sie so oft telefoniert haben. Ist er noch da?"

„Guten Tag, Bettina, mein Beileid. Es tut mir ja so leid um den jungen Herrn."

„Ist er noch da?", fragt Müller.

Der Portier nickt.

„Gut! Dann läuft alles wie abgesprochen."

Der Portier gibt Helmut Müller den Schlüssel zu Zimmer 14.

Im Lift fragt Bettina:

„Was haben Sie beide für Geheimnisse, Herr Müller?"

„Manchmal sind Privatdetektive ein bisschen schlauer als die Polizei!"

„Wie meinen Sie das?"

„In der Hotelgarage steht ein Porsche, nagelneu! Der kostet bestimmt 100.000 Euro. Und irgendwer wird sich bestimmt bald dafür interessieren."

„Sie meinen ..."

„Genau, ich meine die ‚falschen Freunde'! Und Herr Seiler wird besonders gut auf das Auto aufpassen und dann die Polizei verständigen."

Bettina und Helmut Müller stehen vor Zimmer 14. Müller schließt auf.

„Ich packe nur meine Sachen. Es ist nicht viel. Ich bin gleich fertig."

Die Schauspielerin stellt eine kleine Reisetasche auf das Bett und geht ins Bad.

---

13 **Geheimnisse** etwas, das nur wenige Personen wissen | 17 **nagelneu** sehr neu |
23 **verständigen** *hier:* anrufen

Müller setzt sich in einen Sessel und sieht sich Fotos an, die auf dem Tisch liegen.

Vier junge Leute in Kostümen lachen in die Kamera. Vier junge Leute auf einer Party. Vier junge Leute im Porsche-Cabrio vor Schloss Neuschwanstein.

---

29 **Kostüme** kein normales Kleidungsstück. Ein Kostüm trägt man nicht im Alltag, sondern z.B. auf der Bühne.

Plötzlich hört Müller ein Geräusch an der Zimmertür.

Die Tür geht auf und ein junger Mann und eine junge Frau kommen vorsichtig ins Zimmer.

Im gleichen Moment kommt Bettina aus dem Bad.

„Lara? Peter? Was macht ihr denn hier?"

Erschrocken sehen die beiden Bettina und Müller an.

Dann geht alles sehr schnell.

Peter Vogt greift nach dem Autoschlüssel, der auf einer Kommode liegt, zieht Lara am Arm aus dem Zimmer und knallt die Tür zu.

Bevor Helmut Müller an der Tür ist, hört er, wie sich der Schlüssel von außen im Türschloss dreht.

„Mist!"

Müller nimmt den Telefonhörer und wählt die 9, die Nummer der Rezeption.

---

1 **Geräusch** Lärm | 6 **erschrocken** überrascht | 9 **die Tür zuknallen** mit Lärm zu machen

## Kapitel 8

Am nächsten Tag telefoniert Helmut Müller mit seiner Sekretärin Bea Braun.

„Wie war das Musical, Chef?"

„Keine Vorstellung!"

„Wie bitte?"

„Kein romantisches Musical. Eher ein Drama ..."

„Was ist passiert?"

„Für meinen Cousin war die Rückfahrt von Schloss Neuschwanstein ein Drama. Seine Frau und Tante Agathe waren großartig."

„Und der Fall?"

„Der Fall ist ja kein Fall. Nur eine kleine Hilfe für eine junge Schauspielerin ..."

„Chef!"

„Ja, der Fall ist geklärt. Und der Tipp kam von mir."

„Respekt, Chef! Auch im Urlaub schnappt der Meisterdetektiv jeden Verbrecher!"

„Na ja, ehrlich gesagt, der Hotelportier hat die Täter geschnappt."

„Und Sie? Was haben Sie gemacht?"

---

26 **schnappen** schnell ergreifen/ finden

„Ich war ja mit der Schauspielerin in einem Hotelzimmer eingesperrt ...“

„Chef!!?“

„Das kann ich alles erklären, Bea. Jedenfalls sind die Täter in eine Falle gelaufen, als sie einen teuren Porsche holen wollten. Der Hotelportier hat einfach den Strom abgestellt und die beiden saßen im Aufzug fest, bis sie die Polizei befreit hat, ich meine natürlich, festgenommen hat.“

„Und morgen gehen Sie baden – oder ist das immer noch so gefährlich?“

„Na ja, nur für Könige.“

„Sie sprechen in Rätseln, Chef!“

„Der junge Schauspieler, der im Musical den Ludwig II. gespielt hat, ist fast an der gleichen Stelle ertrunken wie der echte König ...“

„So ein Zufall!“

„Nein, eher Absicht. Die Täter wollten ihm Angst machen. Aber ...“

„... er konnte auch nicht schwimmen!“

„Genau! Darum gehe ich lieber in einen Biergarten, das ist nicht so gefährlich.“

„Chef?“

„Ja, Bea?“

„Können Sie schwimmen?“

Ende

---

2 **Ich war in einem Hotelzimmer eingesperrt** *hier:* Ich konnte nicht aus dem Zimmer raus. | 6 **abstellen** *hier:* ausmachen | 8 **festnehmen** *hier:* mitnehmen, um sie ins Gefängnis zu bringen | 16 **Zufall** etwas, das nicht geplant ist | 17 **Absicht** eher der Plan | 20 **Biergarten** typisches bayrisches Restaurant draußen

# Übungen und Tests zu den Kapiteln

1. Sammeln Sie von jetzt an alles, was Sie über München erfahren. Was isst man da? Was trinkt man da?

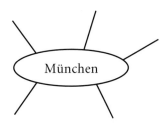

2. Was ist richtig? Kreuzen Sie an.

Im 2. Kapitel
geht es um

○ Dreharbeiten zu einem Film.
○ eine Theaterprobe.
○ eine Durchsage am Bahnhof.

Der Schauspieler
Stefan Kottnik

○ ist in Hollywood.
○ spielt in Österreich Theater.
○ ist nach München gefahren.

Seine Freundin Bettina

○ ist in Hamburg.
○ macht Geschäfte in München.
○ wollte mit Stefan nach München
  fahren.

Die Schauspielerin Lara

○ ist Stefans Freundin.
○ spielt die Sissi im Musical.
○ geht mit Peter Vogt zum See.

3. Mit wem telefoniert der Nachtportier? Raten Sie!

○ Bea Braun
○ Agathe Müller
○ Bettina

4. Beantworten Sie folgende Fragen:
Wer? Was? Wie? Wo? Wann?

| Mann | See | baden | Polizei |
|------|-----|-------|---------|
| tot | Schlüssel ... | | |

5. Verbinden Sie.

Ludwig II. war                              ins Musical.

Helmut Müller telefoniert                   König von Bayern.

Müller geht mit seiner Tante               im Musical „Ludwig II."

Bettina ist Schauspielerin                 mit Bea Braun.

6. Schreiben Sie eine Notiz über Stefan Kottnik für eine
Zeitung. Was hat Stefan Kottnik wo gemacht?

.............................................................................

.............................................................................

.............................................................................

.............................................................................

.............................................................................

.............................................................................

.............................................................................

.............................................................................

.............................................................................

.............................................................................

1. – 7. Helmut Müller löst den Fall. Sicher können Sie das auch: Was ist richtig, was ist falsch?
Kreuzen Sie an.

|  | R | F |
|---|---|---|
| Am Starnberger See wird das Musical „Ludwig II." gespielt. | ☐ | ☐ |
| Stefan Kottnik kommt nicht zur Probe. | ☐ | ☐ |
| Peter Vogt ist Bettinas Freund. | ☐ | ☐ |
| Bettina macht sich Sorgen um Stefan. | ☐ | ☐ |
| Am See wird eine Leiche gefunden. | ☐ | ☐ |
| Peter Vogt hatte Geldprobleme. | ☐ | ☐ |
| Lara hat einen Porsche. | ☐ | ☐ |
| Lara und Peter haben Stefan Geld geliehen. | ☐ | ☐ |
| Peter will den Porsche haben. | ☐ | ☐ |
| Helmut Müller und Bettina werden im Hotelzimmer eingesperrt. | ☐ | ☐ |

# Lösungen zu den Übungen

**1. Sammeln Sie von jetzt an alles, was sie über München erfahren. Was isst man da? Was trinkt man da?**
– Pfannkuchensuppe
– Schweinebraten mit Semmelknödeln
– Bier.

**2. Was ist richtig?**
Im 2. Kapitel geht es um - eine Theaterprobe.
Der Schauspieler Stefan Kottnik - ist nach München gefahren.
Seine Freundin Bettina - wollte mit Stefan nach München fahren.
Die Schauspielerin Lara - geht mit Peter Vogt zum See.

**3. Mit wem telefoniert der Nachtportier? Raten Sie!**
O  Bea Braun
☑  Bettina
O  Agathe Müller

**4. Beantworten Sie folgende Fragen:**
Wer? *Familie Fischer*
Was? *eine männliche Leiche*
Wie? *mit dem Kopf im Wasser*
Wo? *in der Badebucht am Starnberger See*
Wann? *gerade gefunden*

**5. Verbinden Sie:**
Ludwig II. war König von Bayern.
Helmut Müller telefoniert mit Bea Braun.
Müller geht mit seiner Tante ins Musical.
Bettina ist Schauspielerin im Musical „Ludwig II.".

**6. Schreiben Sie eine Notiz über Stefan Kottnik für eine Zeitung. Was hat Stefan Kottnik wo gemacht?**

München - Hier hat Stefan Kottnik ein Hotelzimmer gemietet. Hier trifft er Freunde.

Füssen - Hier finden die Aufführungen des Musicals statt.

Starnberger See - Hier ertrinkt Stefan Kottnik.

**1. - 7. Helmut Müller löst den Fall. Sicher können Sie das auch: Was ist richtig, was ist falsch?**

|  | R | F |
|---|---|---|
| Am Starnberger See wird das Musical „Ludwig II." gespielt. | ☐ | ☑ |
| Stefan Kottnik kommt nicht zur Probe. | ☑ | ☐ |
| Peter Vogt ist Bettinas Freund. | ☑ | ☐ |
| Bettina macht sich Sorgen um Stefan. | ☑ | ☐ |
| Am See wird eine Leiche gefunden. | ☑ | ☐ |
| Peter Vogt hatte Geldprobleme. | ☐ | ☑ |
| Lara hat einen Porsche. | ☐ | ☑ |
| Lara und Peter haben Stefan Geld geliehen. | ☑ | ☐ |
| Peter will den Porsche haben. | ☑ | ☐ |
| Helmut Müller und Bettina werden im Hotelzimmer eingesperrt. | ☑ | ☐ |

Neuschwanstein ist eines der bekanntesten Schlösser in Europa. Rund 1,4 Millionen Menschen (pro Jahr) besichtigen "die Burg des Märchenkönigs". Was wissen Sie noch über Schloss Neuschwanstein?

Recherchieren Sie.
Tipp: www.neuschwanstein.de